Texte schreiben

Erarbeitet von

Heike Baligand

Angelika Föhl

Tanja Holtz

Nadine Pistor

in Zusammenarbeit mit der
Westermann-Grundschulredaktion

Für die Ausleihe bearbeitet von

Heike Baligand

Christina von Weyhe

Unter Beratung von

Nadin Haida-Herklotz

Jutta Ibach

Miriam Jacobs

Katharina Jorga

Insa Scheller

Christina von Weyhe

Prof. Dr. Anja Wildemann

Illustriert von

Gabie Hilgert und Karoline Kehr

Flex und Flora
Deutsch

2

Inhaltsverzeichnis

Gedichte schreiben

Akrostichon

FRECH
LUSTIG
OFFEN
RUND
ALBERN

A

Bildgedicht

Blume   Blume
Blume Blume
Blume Blume Blume Blume
Blume   Flora   Blume
Blume Blume Blume Blume
Blume Blume
Blume   Blume

B

Treppengedicht   C

Flora

Flora mag

Flora mag gern

Flora mag gern Blumen.

Ich habe Gedichte geschrieben.

Das mache ich auch!

1 Sprich mit einem Partnerkind.
Wie hat Flora die Gedichte geschrieben?

2 Welche Erklärung gehört zu welchem Gedicht?
Erkläre es einem Partnerkind.

- Ich habe meinen Namen geschrieben. Dann habe ich
  in jeder Zeile immer ein Wort mehr dazu geschrieben.
  Die letzte Zeile ist ein Satz. Es sieht aus wie eine **Treppe**.

- Ich habe meinen **Namen von oben nach unten** geschrieben.
  Zu jedem Buchstaben habe ich dann ein Wort gesucht,
  das mit diesem Buchstaben anfängt und zu mir passt.

- Ich habe ein **Bild mit Wörtern** gestaltet.
  Darin habe ich ein anderes Wort versteckt.

Gedichte lesen
Gedichte ihrem Bauplan zuordnen

Ein Treppengedicht schreiben

1 Was magst du besonders gern?
Schreibe ins Heft.

2 Wähle eine Idee von Aufgabe 1 aus.
Schreibe ein Treppengedicht
über dich ins Heft.

3 Schreibe ein Treppengedicht über
eine Freundin oder einen Freund ins Heft.

4 Schreibe das Treppengedicht auf ein Schmuckblatt.
Verschenke dein Gedicht.
Ideen dafür findest du auf Seite 40.

Ein Akrostichon schreiben

 **1** Lies die Gedichte von Mina und Tobias.

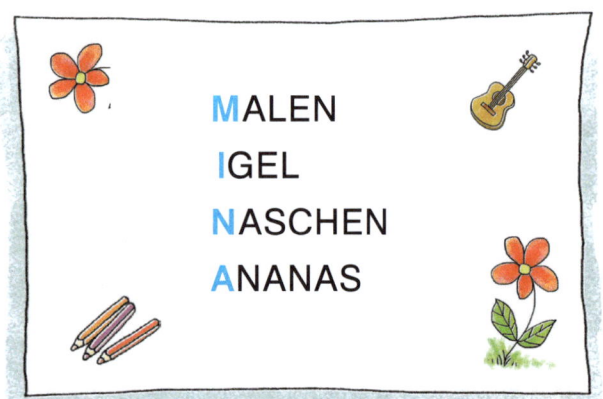

MALEN
IGEL
NASCHEN
ANANAS

TAUCHEN
ORANGEN
BÜCHER
INLINER
AFFEN
SONNE

2 Schreibe deinen Namen von oben
nach unten ins Heft.
Suche zu jedem Buchstaben ein Wort,
das zu dir passt.

3 Schreibe dein Akrostichon auf ein Schmuckblatt.
Stelle es in der Klasse aus.

4 Schreibe ein Akrostichon für jemanden
aus deiner Klasse ins Heft.

5 Lies dein Gedicht der Person vor, für die du es geschrieben hast.
Welche Wörter haben der Person besonders gefallen?
Kennzeichne sie mit einem Smiley ☺.

6 Verschenke dein Gedicht. Ideen dafür findest du auf Seite 40.

7 Sprich mit einem Partnerkind.
Worin unterscheiden sich diese Gedichte?

ME**L**ONEN
ERD**B**EEREN
PFIR**S**ICHE
ZI**T**RONEN

ORANGEN
BIRNEN
SAUERKIRSCHEN
TRAUBEN

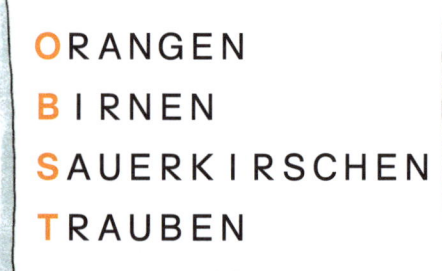

Ein Akrostichon lesen und schreiben
Ein Akrostichon veröffentlichen
Bauarten eines Akrostichons vergleichen

KV 85
Fö 117 / Fo 48, 49
HR

Ein Bildgedicht untersuchen und schreiben

1 Schau dir das Bildgedicht genau an.

2 Finde das versteckte Wort im Bildgedicht.

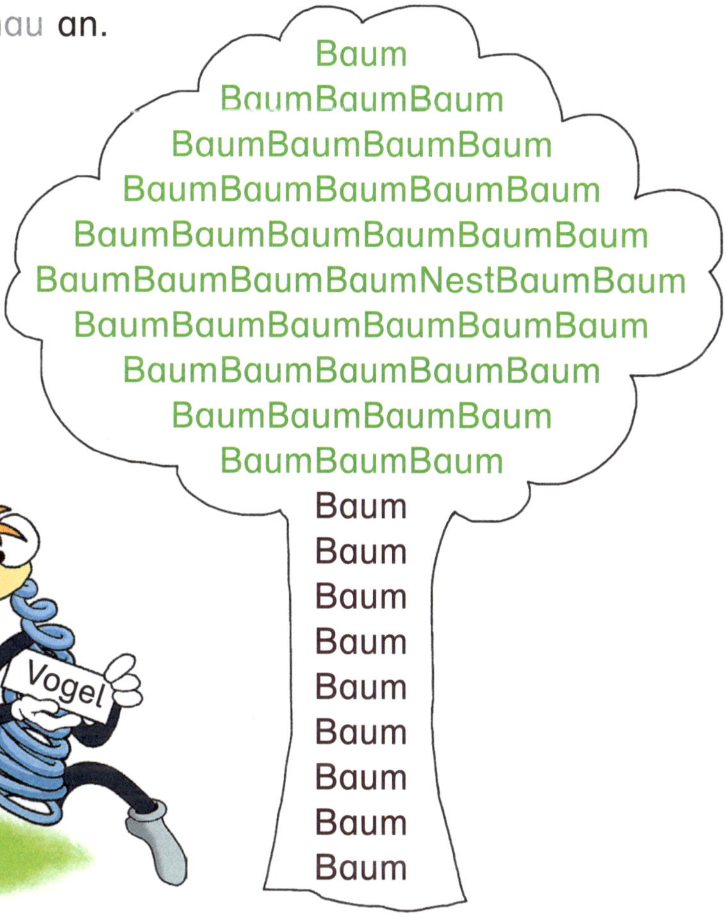
Baum
BaumBaumBaum
BaumBaumBaumBaum
BaumBaumBaumBaumBaum
BaumBaumBaumBaumBaumBaum
BaumBaumBaumBaumNestBaumBaum
BaumBaumBaumBaumBaumBaum
BaumBaumBaumBaumBaum
BaumBaumBaumBaum
BaumBaumBaum
Baum
Baum
Baum
Baum
Baum
Baum
Baum
Baum
Baum

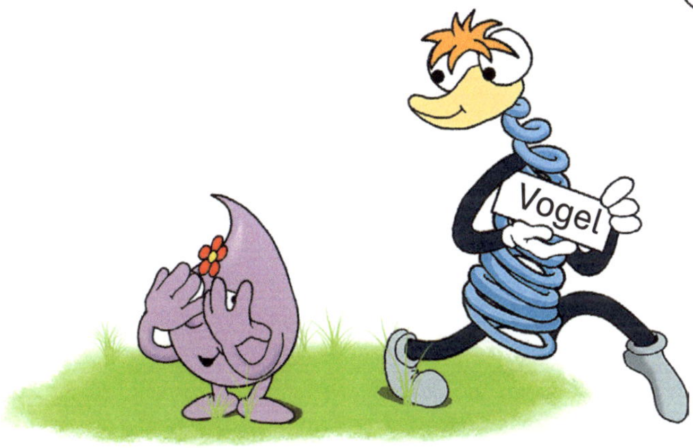
Vogel

3 a) Gestalte ein Bildgedicht mit dem Wort **Fisch** auf einem Blatt. Verstecke darin ein Wort.

FISCH
FISCHFISCH
FISCHFISCH

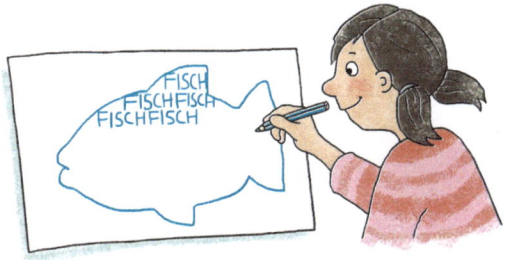

b) Welche Dinge fallen dir noch zum Thema **Fisch** ein? Ergänze das Bildgedicht.

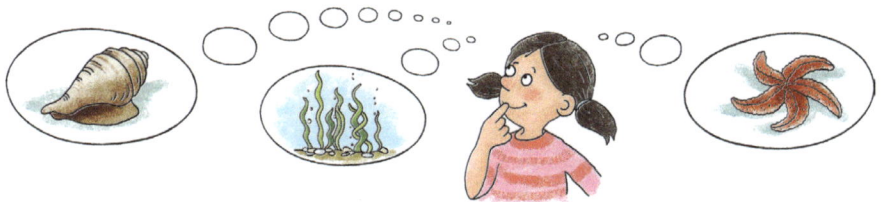

Listen schreiben

1 Sprich mit einem Partnerkind.
Wozu brauchen Flex und Flora Listen?

Du schreibst **Listen**, um nichts zu vergessen.
Damit die Liste leicht zu lesen ist,
schreibst du die **Stichwörter untereinander**.

2 Schreibe eine Liste für deinen Geburtstag
ins Heft. Was möchtest du mit deinen
Gästen machen?

3 Wann schreibt man Listen? Schreibe ins Heft.

Eine Einkaufsliste schreiben

1 Lies die Zutatenliste.

Waffeln

- 125 g Butter
- 50 g Zucker
- 1 Prise Salz
- Vanillezucker
- 4 Eier
- 250 g Mehl
- 1 TL Backpulver
- 250 ml Buttermilch

> Mehl, Salz und Backpulver haben wir!

2 Welche Zutaten hat Flex schon?
Zeige einem Partnerkind die Wörter in Aufgabe 1.

3 Was fehlt?
Schreibe eine Einkaufsliste ins Heft.

3) Einkaufsliste

- Butter
- ...

4 Was kannst du zu Waffeln essen?
Schreibe eine Liste ins Heft.

> Ich mag Waffeln mit Erdbeeren. Lecker!

5 Bringe das Rezept für deinen Lieblingskuchen mit. Markiere die Zutaten, die dafür eingekauft werden müssen.

Steckbriefe schreiben

Der Clownfisch (A)

Der Clownfisch lebt in Korallenriffen im Indischen Ozean und im Pazifik.

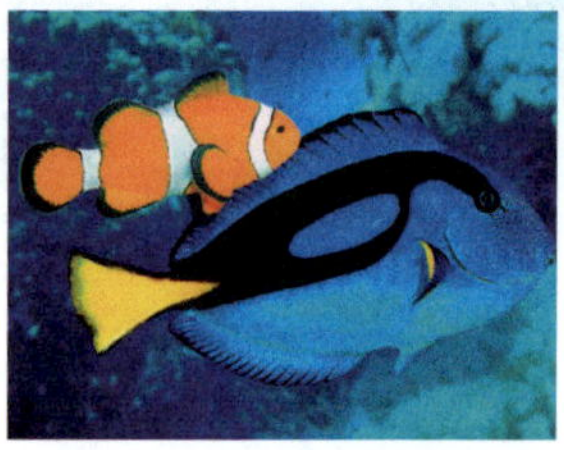
Clownfisch und Doktorfisch

Er ernährt sich von Plankton und verschiedenen Algen.
Er wird 5 bis 10 Zentimeter groß.
Der Clownfisch ist leuchtend orange und hat breite weiße Streifen. Er lebt immer in der Nähe von See-Anemonen.

Steckbrief (B)

Name:	Clownfisch
Lebensraum:	Korallenriffe
Nahrung:	Plankton, Algen
Größe:	5–10 cm
Farbe:	orange, weiß, schwarz
Besonderheit:	lebt bei See-Anemonen

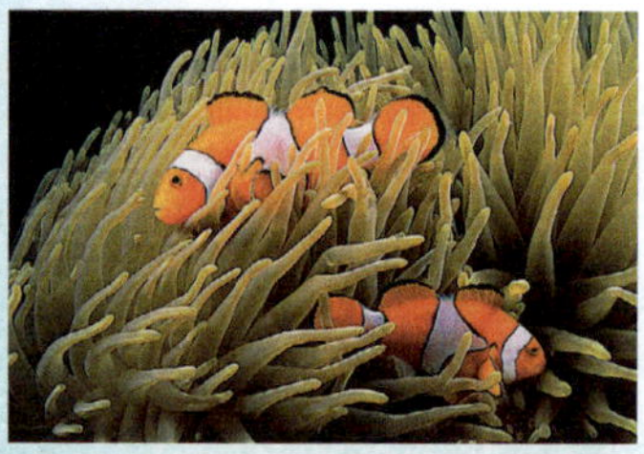

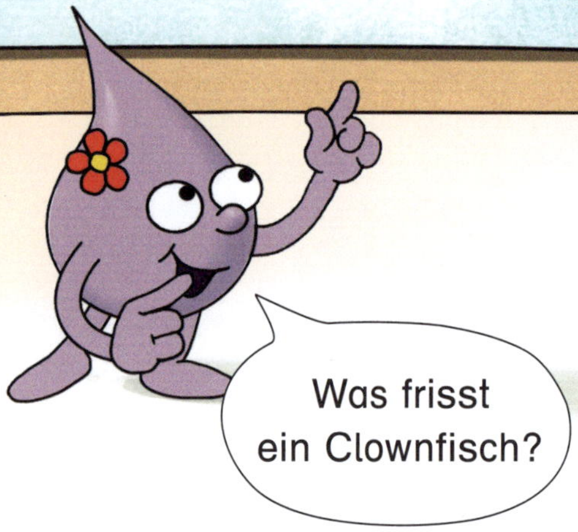
Was frisst ein Clownfisch?

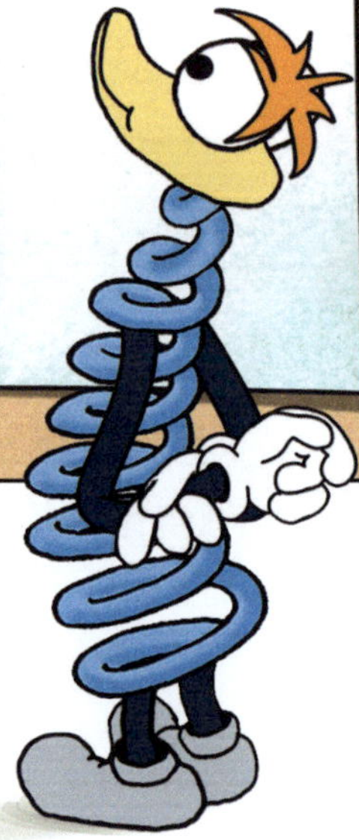
Das sehe ich auf einen Blick!

1 Sprich mit einem Partnerkind.
Warum findet Flex die Antwort so schnell?

In einem **Steckbrief** beschreibst du mit **Stichwörtern** die wichtigsten Merkmale einer Person, eines Tieres oder eines Gegenstandes.
Die **Oberbegriffe** des Steckbriefes schreibst du untereinander.
Oberbegriffe in einem Steckbrief sind zum Beispiel
Name, Lebensraum, Nahrung, …

2 Zeige einem Partnerkind im Steckbrief vom Clownfisch die 6 Oberbegriffe.

Einen Steckbrief kennenlernen
Einen Steckbrief mit einer Beschreibung vergleichen

Einen Steckbrief über Tiere schreiben

 **1** Lies den Text über die Schildkröte.

Die Schildkröte

A Die Schildkröte lebt in warmen Ländern

rund um das Mittelmeer.

B Sie ernährt sich von Blättern,

Blüten und Früchten.

C Die Schildkröte kann bis zu

20 Zentimeter groß werden.

D Besonders auffällig ist das dunkle

Fleckenmuster auf dem Panzer.

2 Ordne jedem Satz einen Oberbegriff zu. Schreibe ins Heft.

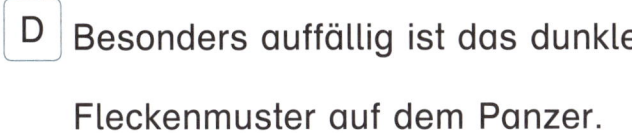
2) A Lebensraum
B ...

| Nahrung | Lebensraum | Besonderheit | Größe |

3 Schreibe einen Steckbrief über die Schildkröte ins Heft. Suche die Informationen aus dem Text heraus.

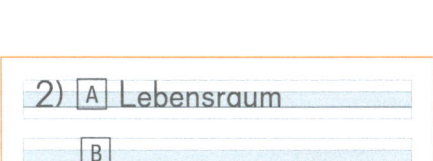
3) Steckbrief
Name: ...
Lebensraum: ...
...

Steckbrief

Name: ▬

Lebensraum: ▬

Nahrung: ▬

Größe: ▬

Besonderheit: ▬

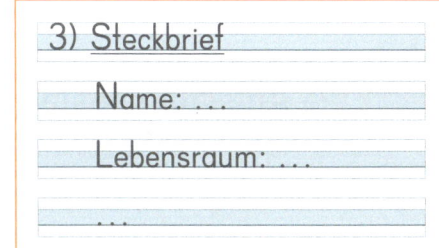
In einem **Steckbrief** schreibe ich alle Informationen übersichtlich auf.

 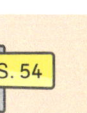

Anleitungen und Rezepte schreiben

Zauberkreide

Materialliste:

- bunte Kreide
- Wasser
- 3 Stücke Würfelzucker
- Glas
- Teelöffel

Arbeitsschritte:

Zuerst fülle ich ein Glas zur Hälfte mit Wasser.

Dann gebe ich die Zuckerstücke in das Wasser.

Danach rühre ich um, bis sich der Zucker auflöst.

Zum Schluss weiche ich jede Kreide einzeln 10 Minuten im Zuckerwasser ein.

Wie hast du die Zauberkreide gemacht?

 **1** Sprich mit einem Partnerkind.
Wie hat Flex die Zauberkreide hergestellt?

> Eine **Anleitung** besteht aus einer **Überschrift**, der **Materialliste**
> und den **Arbeitsschritten**.
> Die Arbeitsschritte beschreibst du genau
> und in der richtigen Reihenfolge.

2 Zeige einem Partnerkind in der Anleitung für die Zauberkreide
die Überschrift,
die Materialliste und
die Arbeitsschritte.

3 Lies einem Partnerkind die Arbeitsschritte vor.
Lies die Satzanfänge lauter.

Teile einer Anleitung erkennen
Erkennen, dass Satzanfänge eine Reihenfolge vorgeben   HR

4 Schreibe die passenden Sätze
zu den Bildern ins Heft.

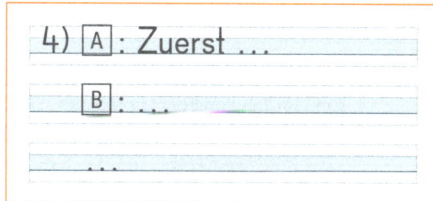

4) Ⓐ : Zuerst ...

   Ⓑ : ...

   ...

A 　B

C 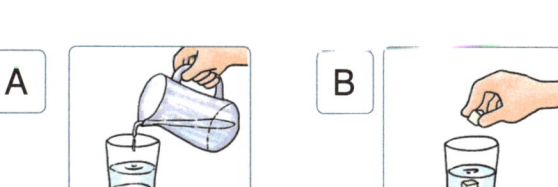　D

> Diese **Satzanfänge** kannst du verwenden:
> **Dann** ...
> **Danach** ...
> **Als Nächstes** ...
> **Zuletzt** ...
> **Nun** ...

5 Lies die Liste mit den Zutaten. Schau dir die Bilder an.

Kakao

Zutaten:

- Milch
- 2 Teelöffel Kakaopulver

Zubereitung:

6 Schreibe das Rezept für den Kakao ins Heft.

6) Zuerst fülle ich ...

> Beim Kochen und Backen heißen die Anleitungen **Rezepte**.
> Du schreibst dafür zuerst die **Zutaten** auf.
> Die **Zubereitung** beschreibst du genau Schritt für Schritt.

Ein Rezept schreiben

1 Lies das Rezept.

Lustige Gemüsegesichter

- Frischkäse und Quark verrühren
- Kräuter waschen: Schnittlauch, Petersilie, …
- Gemüse waschen und schneiden:
  Tomaten, Gurken, Radieschen, Paprika, …
- Brotscheibe bestreichen und dekorieren

2 Wie soll dein Gemüsegesicht aussehen?
Male ins Heft.
Schreibe die Zutatenliste dazu.

2)

Zutaten:

…

3 Wie bereitest du dein Gemüsegesicht zu?
Schreibe ins Heft.
Verwende Satzanfänge von Seite 13.

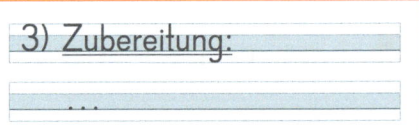

3) Zubereitung:

…

4 Wie macht man Apfelmus?
Lies die Wörter
und schreibe sie geordnet ins Heft.

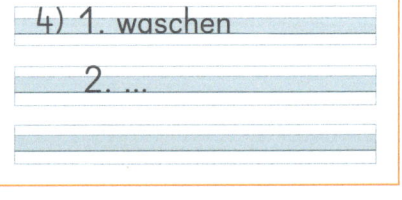

4) 1. waschen

2. …

entkernen

kochen

schneiden

schälen

waschen

stampfen

5 Schreibe wie in Aufgabe 3 ins Heft,
wie **du** Apfelmus machst.
Schreibe in ganzen Sätzen.

5) Zubereitung:

…

Ein Rezept mit eigenen Ideen ergänzen
Ein Rezept geordnet schreiben

KV 92
Fö 125
HR

Ein Rezept überarbeiten

 **1** Lies das Rezept.

Party-Saft mit Zuckerrand

<u>Zutaten:</u> Apfelsaft, Mineralwasser,
Saft von 1 Zitrone, 2 Esslöffel Zucker

<u>Zubereitung:</u>

Ich fülle etwas Apfelsaft in ein Glas.
Dann gieße ich Mineralwasser dazu.
Den Rand des Glases tauche ich
in ein Schälchen mit Zitronensaft.
Danach drücke ich den Glasrand
in ein Schälchen mit Zucker.
Zum Schluss gebe ich einen Spritzer
Zitronensaft in das Getränk.

So klappt das nicht!

2 Was wurde in dem Rezept beachtet?
Sage es einem Partnerkind.

Es gibt eine Überschrift.	■ ja	■ nein
Die Zutatenliste ist übersichtlich gegliedert.	■ ja	■ nein
Die Zubereitung wird genau beschrieben.	■ ja	■ nein
Alle Arbeitsschritte sind in der richtigen Reihenfolge.	■ ja	■ nein

3 Überarbeite das Rezept.
Schreibe es ins Heft.

3) Zuerst …
…

4 Überlege dir ein neues Party-Getränk.
Schreibe die Zutatenliste und das Rezept ins Heft.

Schreibkriterien für ein Rezept prüfen
Ein Rezept überarbeiten
Ein eigenes Rezept schreiben   KV 93   61   **15**

An andere schreiben

1 Sprich mit einem Partnerkind.
Wann schreibt man eine Postkarte?
Warum kommt Floras Postkarte nicht an?

2 Zeige einem Partnerkind in der Klassenliste Theos Namen und Adresse.

Nachname	Vorname	Straße	Hausnummer	Postleitzahl	Ort
Albers	Azra	Dorfgasse	12	47333	Bergdorf
Andrack	Peer	Am Feld	7a	47332	Talstadt
Bauer	Theo	Mäuseweg	45	47332	Talstadt
Dreier	Dana	Burgstraße	34	47333	Bergdorf
Engbrecht	Pia	Katzengasse	1	47332	Talstadt
Güler	Efe	Feldstraße	27	47332	Talstadt

3 Schreibe Theos Adresse ins Heft.

3) Theo ...
...

Vorname Nachname: ▬ ▬

Straße Hausnummer: ▬ ▬

Postleitzahl Ort: ▬ ▬

Die Bedeutung einer Adresse verstehen
Eine Adresse kennenlernen
Eine Adresse richtig schreiben

4 Schreibe deine eigene Adresse richtig ins Heft.

4) ...

 Vorname

 Straße

Postleitzahl

Nachname

Hausnummer

Ort

Wenn du jemandem schreibst, bist du der **Absender**.
Wenn du Post bekommst, bist du der **Empfänger**.
Eine **Adresse** schreibst du immer so:

Vorname Nachname	Theo Bauer
Straße Hausnummer	Mäuseweg 45
Postleitzahl Ort	47332 Talstadt

 **5** Zeige einem Partnerkind, ...
a) womit du einen Text an andere beginnst,
b) womit du einen Text an andere beendest.

| Hallo Bilal, | Bis bald
Silas | Lieber Oscar, | Alles Liebe
Opa |

| Liebe Maya, | Viele Grüße
Leonie | Hi Emma, | Ciao
Lenny |

Wenn du an andere schreibst, kannst du gratulieren, etwas erzählen, ...
Du beginnst mit der **Anrede**.
Nach der Anrede steht immer ein **Komma**.

Liebe Maya,
wie geht es dir?

Du endest mit **Grüßen** und deiner **Unterschrift**.

Bis bald
Silas

Die eigene Adresse schreiben
Anreden und Grußformeln für eine Postkarte unterscheiden
Fachbegriffe im Kontext von Postkarten kennenlernen

KV 94
Fö 126 / Fo 53
HR

 AH S. 55

17

Einen Brief schreiben

 **1** Lies einem Partnerkind auf dem Briefumschlag
den Absender und den Empfänger vor.

2 Beschrifte einen Briefumschlag.

Der Absender des Briefes ist Peer Andrack.

Seine Adresse findest du in der Klassenliste auf Seite 16.

Opa ist der Empfänger. Er heißt Paul Kulp

und wohnt im Urweg 58 in 65348 Stadtberg.

3 Wohin gehören die Wortkarten? Zeige es einem Partnerkind.

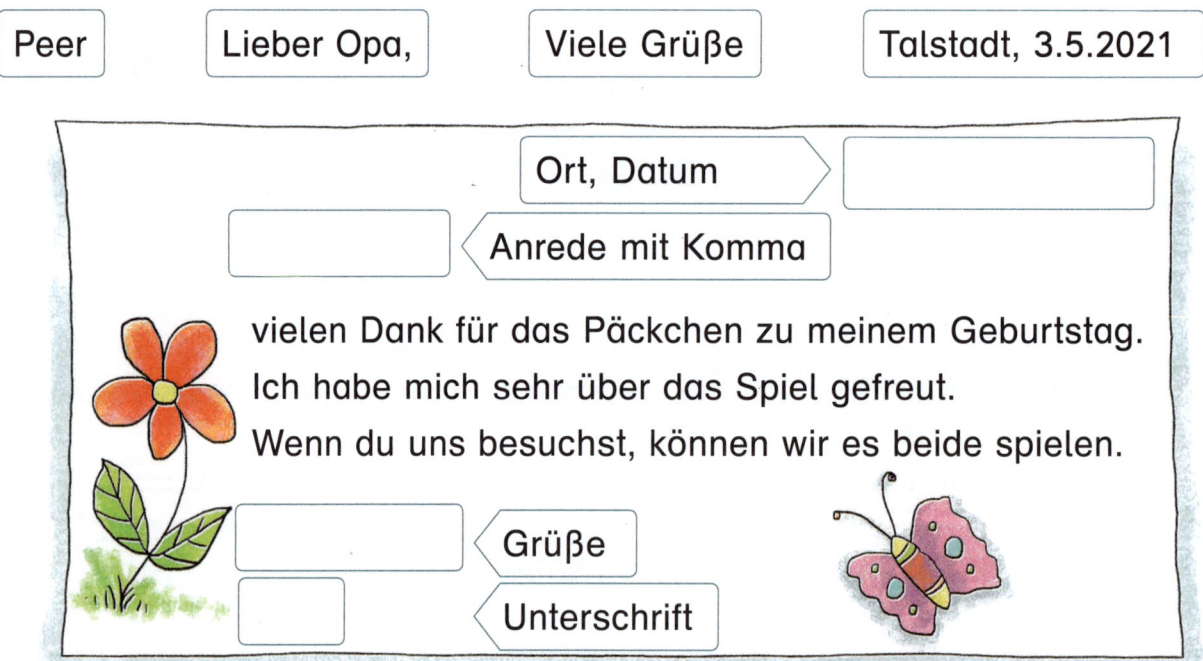

Fachwörter für einen Briefumschlag verstehen
Einen Briefumschlag richtig beschriften
Einen Brief vervollständigen

4 An wen möchtest du einen Brief schreiben?
Schreibe den Namen der Person ins Heft.

4) ...

5 Wähle eine Idee für deinen eigenen Brief.
Du kannst auch zu einem anderen Thema schreiben.

- Ich bedanke mich für etwas.
- Ich wünsche gute Besserung.
- Ich schreibe etwas, das ich erlebt habe.
- Ich gratuliere.

6 Wähle eine Anrede und Grüße für deinen Brief aus.

- Liebe ...,   • Lieber ...,   • Hallo ...,   • Hi ...,
- Liebe Grüße   • Herzliche Grüße   • Bis bald   • Ciao

7 Schreibe jetzt deinen Brief ins Heft.

7) ...

8 Schreibe jemandem einen Brief und verschicke ihn. Du kannst dir mit der Anleitung einen eigenen Briefumschlag falten.

1.
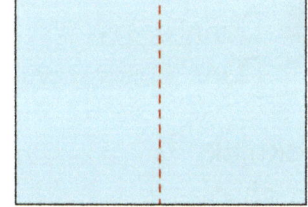

Falte ein Din-A4-Blatt einmal in der Mitte.

3.
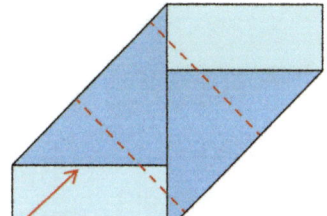 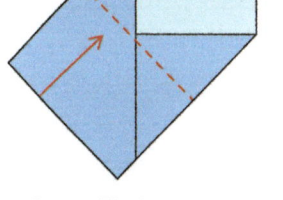

Danach musst du die linke untere Ecke einklappen. Wenn du diese Ecke eingeklappt hast, kannst du deinen Brief in den Umschlag stecken.

2.
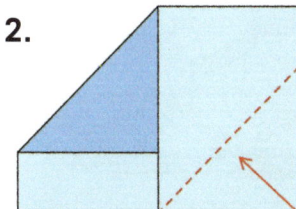

Falte nun die linke obere und die rechte untere Ecke zur Mitte.

4.
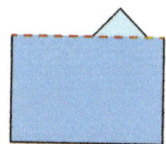 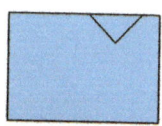 

Klappe auch die rechte obere Ecke ein. Nun steht noch eine kleine Ecke über. Diese kannst du umklappen und festkleben. Jetzt fehlt nur noch die Adresse und eine Briefmarke.

Den Überarbeitungskreis kennenlernen

Gartenfest
Heute feiern wir.
Viele Freunde sind da.
Das Fahrrad ist teuer.
Es gibt Würstchen.

Picknick
In der Schule war es
toll. Wir hatten Sport
auf dem Sportplatz.

Lesen und verstehen
• Passen alle Sätze zum Thema?

Textaufbau untersuchen
• Passt die Überschrift?
• Stimmt die Reihenfolge?

Richtig schreiben
• Sind die Satzanfänge großgeschrieben?
• Endet jeder Satz mit einem Satzzeichen?

Sprache überprüfen
• Sind die Satzanfänge unterschiedlich?

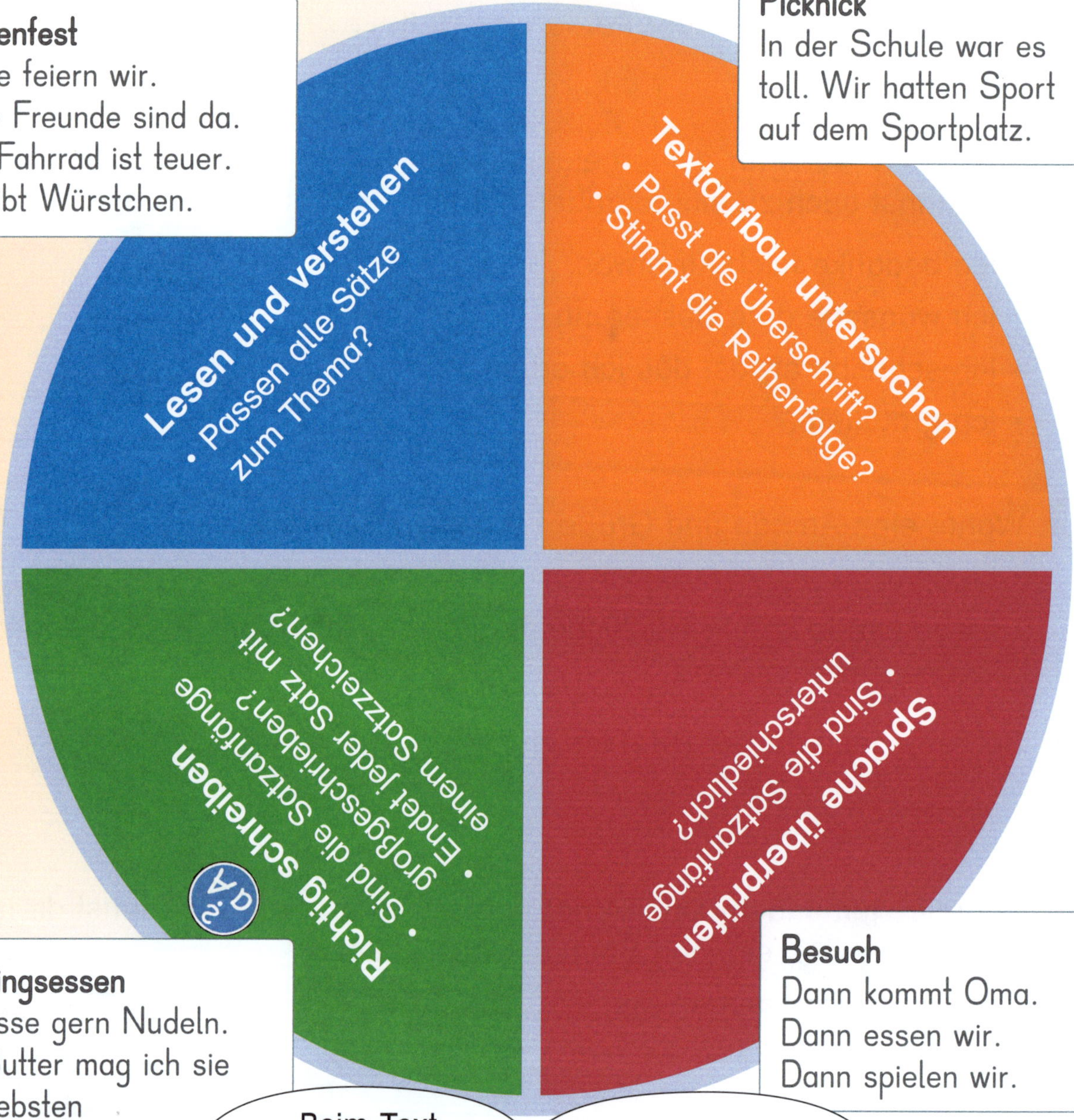

Lieblingsessen
Ich esse gern Nudeln.
mit Butter mag ich sie
am liebsten

Besuch
Dann kommt Oma.
Dann essen wir.
Dann spielen wir.

Beim Text **Gartenfest** passt ein Satz nicht. Den streiche ich durch.

Beim Text **Picknick** muss ich auch etwas überarbeiten.

Gartenfest
Heute feiern wir.
Viele Freunde sind da.
Das Fahrrad ist teuer.
Es gibt Würstchen.

Lesen und verstehen
• Passen alle Sätze zum Thema?

Picknick
In der Schule war es
toll. Wir hatten Sport
auf dem Sportplatz.

Textaufbau untersuche
• Passt die Überschrift?
• Stimmt die Reihenfolge?

 **1** Sprich mit einem Partnerkind.
Wie können Flex und Flora den
Überarbeitungskreis für die Texte nutzen?

Lies die Texte.
Überarbeite sie mit dem Überarbeitungskreis.
Schreibe die überarbeiteten Texte ins Heft.

Danach fahren
wir los.
Zuerst holen wir
die Fahrräder.

2) Zuerst ...

Im Zirkus ist es
lustig. über die
Clowns muss
ich sehr lachen.

Wir sind im Zoo.
Oma liegt im
Krankenhaus.
Die Löwen werden
gerade gefüttert.

Passen alle
Sätze zum
Thema?

Ich habe schon eine Idee
für andere Satzanfänge.

Dann spielen wir.
Dann grillen wir.
Dann essen
wir Eis.

Sind die
Satzanfänge
unterschiedlich?

 **1** Lies den Text.

Auf dem Spielplatz

Nils ist auf dem Spielplatz.

Da schaukelt er.

Da rutscht Nils einmal.

Da ist ihm langweilig.

Da kommt sein Freund Mika.

Sind die Satzanfänge unterschiedlich?

Immer **Da**. Das hört sich nicht gut an.

 **2** Zeige einem Partnerkind die Satzanfänge von Aufgabe 1.

3 Schreibe den Text mit passenden Satzanfängen ins Heft.
Diese Wörter können dir helfen.

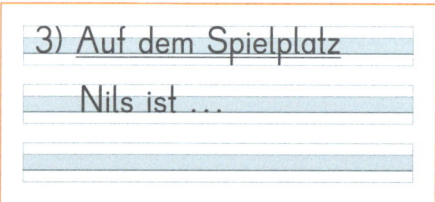

3) Auf dem Spielplatz

Nils ist ...

Dann ...　　　Nun ...　　　Zuerst ...　　　Danach ...　　　Später ...

Wiederholungen bei Satzanfängen erkennen
Satzanfänge in einem Text überarbeiten

KV 98
Fö 129 / Fo 56

Einen Text thematisch überarbeiten

 **1** Lies den Text.

Gestern waren wir mit Frau Meisner
im Tropenhaus.
Dort war es feucht und warm wie im Urwald.
Vögel sind frei herumgeflogen.
Wir haben verschiedene Palmen gesehen.
Im Sommer waren wir am Meer.
Ich habe viel gebadet.

Passen alle Sätze zum Thema?

Was hat denn das Meer mit dem Tropenhaus zu tun?

2 Welches Thema hat der Text? Sage es einem Partnerkind.

Picknick im Wald

Ausflug ins Tropenhaus

Eine Wanderung

3 Schreibe aus dem Text nur die Sätze
ins Heft, die zum Thema passen.

3) Gestern ...

4 Welche Sätze passen noch zum Thema?
Sage es einem Partnerkind.

Mama hat gelesen.
Ein Papagei saß auf dem Ast.
Die vielen Blumen waren schön.
Am Strand war es richtig heiß.

Das Thema eines Textes erkennen
Einen Text thematisch überarbeiten
Einen Text thematisch sinnvoll fortsetzen

KV 99
Fö 130

 64 **23**

Überschrift und Reihenfolge überarbeiten

 1 Lies den Text.

Passt die
Überschrift?

Heute hatten wir in der dritten Stunde Mathe.
Plötzlich klingelte es. Aber es klingelte nicht
wie zur Pause. Es hörte gar nicht mehr auf.
Feueralarm! Schnell gingen wir auf den Schulhof.
Zum Glück war es nur ein Probealarm.

 **2** Wähle für den Text von Aufgabe 1 eine passende Überschrift aus.
Zeige sie einem Partnerkind.

| Eine Sportstunde | Probealarm | Der Unfall |

 **3** Lies den Text.

Stimmt die
Reihenfolge?

 A Am Ende würzen wir die Suppe.

B Zuerst putzen wir das Gemüse.

C Heute kochen wir Gemüsesuppe.

D Danach schneiden wir das Gemüse in kleine Stücke.

E Dann kochen wir die Gemüsestücke in einer Brühe.

4 Ordne die Sätze von Aufgabe 3.
Schreibe die richtige Reihenfolge ins Heft.

4) C, ...

5 Lies einem Partnerkind die Sätze in der richtigen Reihenfolge vor.

6 Schreibe den Text mit einer
Überschrift ins Heft.

6)
Heute ...

24   65

Eine passende Überschrift auswählen
Einen Text in die richtige Reihenfolge bringen
Eine Überschrift finden

KV 100
Fö 131, 132 / Fo 57

Satzanfänge und Satzzeichen überarbeiten

 **1** Lies den Text.

Ein toller Tag im Zoo

Gestern war ich mit meinen Eltern im Zoo.

da gab es viele Tiere.

zuerst schauten wir uns die Affen an.

Danach waren wir am Löwengehege.

am Schluss gingen wir zum Kiosk.

Dort gab es für alle noch ein Eis.

Sind alle Satzanfänge groß-geschrieben?

Endet jeder Satz mit einem Satzzeichen?

2 Überprüfe die Satzanfänge.
3 Satzanfänge sind klein geschrieben.
Zeige sie einem Partnerkind.

 **3** Lies den Text.

Verkleiden

In unserem Keller gibt es die tollsten Sachen.

Dort liegen in einem Schrank alte Kleider,

Hüte, Tücher und Schuhe.

das ist cool!

wie soll ich mich heute verkleiden?

Ich könnte eine alte Hexe sein.

mir wird schon etwas einfallen.

4 Überprüfe die Satzanfänge.
3 Satzanfänge sind klein geschrieben.
Zeige sie einem Partnerkind.

Erlebnisgeschichten schreiben

Ich hatte ein tolles Erlebnis im Schwimmbad.

springen

Badetier

Angst

Schwimmbad

Opa

Handtuch

planschen

Sprungturm

Im Schwimmbad

Gestern war ich mit Opa
im Schwimmbad.
Zuerst wollte ich springen.
Aber ich hatte Angst.
Zum Schluss bin ich
doch gesprungen.

Das hört sich spannend an.

1 Sprich mit einem Partnerkind.
Was habt ihr im Schwimmbad erlebt?

2 Welche 4 Wörter aus dem Gedankenschwarm
hat Flex für seine Geschichte verwendet? Zeige sie einem Partnerkind.

3 Was ist bei einer Erlebnisgeschichte wichtig?
Sage es einem Partnerkind.

- Eine Erlebnisgeschichte hat eine Überschrift.
- Es gibt keine Überschrift.
- Die Satzanfänge sind unterschiedlich.
- Die Geschichte muss immer am Montag passiert sein.
- Jeder Satz beginnt mit dem gleichen Wort.
- Alle Sätze gehören zu einem Erlebnis.

> Eine **Erlebnisgeschichte** ist eine wahre Geschichte
> oder eine Geschichte, die so passiert sein kann.

Eine Erlebnisgeschichte kennenlernen
Den Gedankenschwarm als Planungsinstrument
für Schreibideen kennenlernen

4 Ergänze den Gedankenschwarm zum Thema **Schwimmbad** auf einem Blatt.

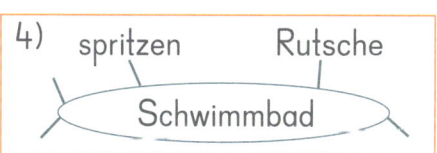

> Ein **Gedankenschwarm** hilft dir, Ideen zu einem Thema zu sammeln.
> Mit diesen Ideen kannst du dann eine Geschichte schreiben.

5 Welche Ideen aus deinem Gedankenschwarm sollen in deiner Erlebnisgeschichte zum Thema **Schwimmbad** vorkommen. Markiere.

6 Schreibe eine Geschichte zum Thema **Schwimmbad**. Der Gedankenschwarm und die Satzanfänge von Seite **22** helfen dir.

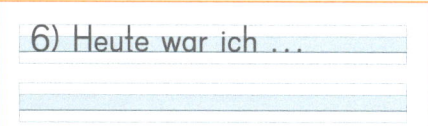

7 Lies deine Geschichte einem Partnerkind vor.

8 Wähle ein Thema und schreibe es auf ein Blatt in einen Kreis. Du kannst dir auch ein eigenes Thema ausdenken.

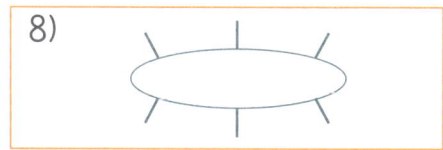

| Spielplatz | Geburtstag | Haustier | Sport |

9 Sammle Ideen für deine Geschichte im Gedankenschwarm.

Diese Wörter können dir helfen.

Spaß lachen
erschrocken
überrascht
verletzt lustig
verstecken
Geräusche
?

10 Welche Ideen aus deinem Gedankenschwarm sollen in deiner Erlebnisgeschichte vorkommen? Markiere.

11 Erzähle einem Partnerkind deine Geschichte.

Schreibideen zu einem vorgegebenen Thema ergänzen
Schreibideen in einem Gedankenschwarm sammeln
Eine Erlebnisgeschichte schreiben

Fö 134
HR

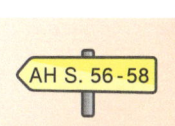
AH S. 56-58
T4
27

E-Mails kennenlernen

Empfänger

An: kaira.ameti@liebigschule.de

Thema

Betreff: Treffen am Samstag

Anrede mit Komma

Hallo Kaira,

bring doch bitte am Samstag deine Spielfiguren mit!

Ich freue mich auf deinen Besuch. ☺

Grüße

Viele Grüße

Unterschrift

Linus

Vieles kenne ich schon!

1 Sprich mit einem Partnerkind.
Woran erkennt ihr eine E-Mail?
Was wisst ihr über E-Mails?

> Willst du eine **E-Mail** verschicken oder empfangen,
> brauchst du eine **E-Mail-Adresse**.
> Eine E-Mail-Adresse erkennst du am @-Zeichen.
> Die Abkürzung **.de** steht für Deutschland.
> andrea.klinge@garten.de   tombruns@regenbogenschule.de

2 Spure das @-Zeichen mit dem Finger nach.
Schreibe es mehrmals ins Heft.

@ sprichst du Ätt aus.

2) @ @ @ ...

3 Erfinde eine E-Mail-Adresse
für dich und schreibe sie ins Heft.

3) ...

Fachwörter im Kontext einer E-Mail kennenlernen
Eine eigene E-Mail-Adresse schreiben

4 Schreibe das passende Wort zu
den E-Mails ins Heft.

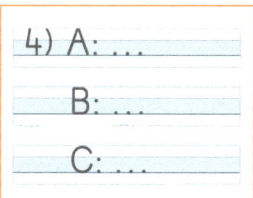
4) A: ...
B: ...
C: ...

| Entschuldigung | Erinnerung | Glückwunsch |

A

Betreff: ▆

Liebe Frau Föhl,
herzlichen Glückwunsch
zum Geburtstag.

Kemal

B

Betreff: ▆

Hallo Oma,
bitte denk an meinen Fahrrad-
helm, wenn du heute kommst.
Den habe ich bei dir vergessen.

Liebe Grüße
Tilo

C

Betreff: ▆

Sehr geehrte Frau Altmann,
Mara hat Fieber und kann heute
nicht zum Training kommen.

Mit freundlichen Grüßen
Britta Schneider

5 Schreibe einen Text für eine E-Mail.

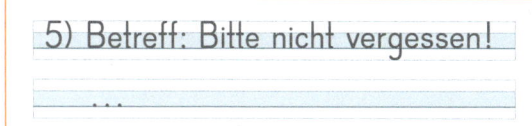
5) Betreff: Bitte nicht vergessen!
...

6 Was bedeuten die Abkürzungen? Sage es einem Partnerkind.

:-(	Liebe Grüße	:-)	Mit freundlichen Grüßen
LG	Hab dich lieb.	MfG	Das meine ich nicht ernst.
Hdl	Ich bin traurig.	;-)	Ich freue mich.

7 Wann schreibst du eine E-Mail?
Schreibe ins Heft.

7) Ich schreibe eine
E-Mail, wenn ich ...

Ein Wort für die Betreffzeile in einer E-Mail auswählen
Eine E-Mail zu einem vorgegebenen Thema schreiben
Abkürzungen in E-Mails kennenlernen

KV 105
Fö 137, 138
HR

 AH S. 59

29

Einladungen schreiben

Liebe Flora,
ich lade dich
zum Rittergeburtstag ein.

Viele Grüße
Flex

Wann ist die Feier?

Wo findet die Feier statt?

Wie lange dauert die Feier?

1 Sprich mit einem Partnerkind.
Welche Informationen fehlen Flora?
Warum sind sie wichtig?

2 Lies einem Partnerkind vor, was zusammengehört.

Anrede mit Komma

Du kannst dich gern verkleiden.

Wozu wird eingeladen?

Viele Grüße
Flex

Liebe Flora,

Wann findet die Feier statt?

Wir treffen uns bei mir zu Hause im **Krähenweg 10**.

Wo findet die Feier statt?

Ich feiere am **17. Mai** von **15.00 Uhr** bis **19.00 Uhr**.

Was ist noch wichtig?

ich lade dich zu meinem **Rittergeburtstag** ein.

Grüße und **Unterschrift**

Fehlende Angaben in einer Einladung erkennen
Teile einer Einladung Beispielen zuordnen

3 Schreibe die Einladung für Flora mit den Angaben von Aufgabe 2 ins Heft.

Liebe Flora,

ich lade dich zum ▮

am ▮

von ▮ bis ▮

im ▮ ein.

Bitte komm!

Dein Flex

In eine Einladung schreibst du den **Anlass** (**Wozu?**),
das **Datum** und die **Uhrzeit** (**Wann?**),
den **Ort** (**Wo?** / **Wohin?**)
und **was** sonst noch **wichtig ist** (**Was?**).
Du beginnst die Einladung mit der **Anrede** mit Komma (Liebe …, / Lieber …,).
Du beendest sie mit **Grüßen** und deiner **Unterschrift**.

---

4 Zeige einem Partnerkind die Teile der Einladung.

Liebe Laura,
ich lade dich herzlich
zu meinem Geburtstag ein.
Am 14. März feiere ich
von 15.00 Uhr bis 19.00 Uhr bei mir
zu Hause in der Katzengasse 3.
Bitte bring Gummistiefel mit!
Viele Grüße
Max

Anrede mit Komma

Anlass (**Wozu?**)

Datum und **Uhrzeit** (**Wann?**)

Ort (**Wo?** / **Wohin?**)

Was ist noch wichtig?

Grüße und **Unterschrift**

Geschichten weiterschreiben

1 Sprich mit einem Partnerkind.
Was könnte Flex erleben?

2 Schreibe den Gedankenschwarm auf ein Blatt.
Ergänze eigene Ideen.

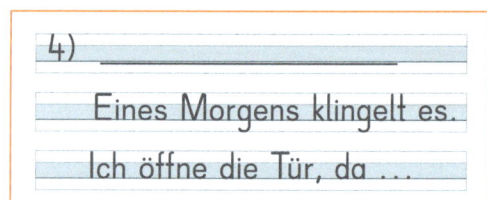

2)   Schreck   Unfall
        Was könnte
        Flex erleben?
Kirchturm   dunkel

3 Welche Ideen sollen in deiner Geschichte
vorkommen? Markiere.

4 Schreibe deinen Geschichtenanfang ins Heft.
Lass die erste Zeile für die Überschrift frei.
Schreibe dann die Geschichte
mit deinen Ideen weiter.

4)
        Eines Morgens klingelt es.
        Ich öffne die Tür, da ...

5 Lies deine Geschichte mehrmals.
Schreibe eine Überschrift.

6 Überarbeite deine Geschichte.

Passen alle
Sätze zum
Thema?

Passt die
Überschrift?

Stimmt die
Reihenfolge?

7 Lies deine Geschichte einem Partnerkind vor.
Welche Stelle hat ihm besonders gefallen?
Kennzeichne sie mit einem Smiley ☺.

Zu einem Bildimpuls und einem Geschichtenanfang Ideen sammeln
Ideen für eine Geschichte auswählen
Eine Geschichte weiterschreiben und überarbeiten

KV 108
Fö 141 / Fo 62, 63
HR

Ideen für eine Geschichte sammeln und erzählen

1 Lies die Textanfänge und schau dir die Bilder an.

Der Roboter hatte schon
viele Aufgaben erfüllt.
Einmal sollte er den Mops
ausführen. Doch kaum hatten sie
das eiserne Tor zum Stadtpark
durchschritten …

Die Hexe Siebenrot hatte
sieben rote Punkte auf ihrer Nase
und war 777 Jahre alt. Sie trug
einen Hut mit vier Augen,
eines für jede Himmelsrichtung.
Um ihren Hals hing
ein geheimnisvoller Schlüssel …

2 Welche Geschichte möchtest du
weiterschreiben? Sammle Ideen für deine
Geschichte in einem Gedankenschwarm.
Schreibe ins Heft.

2)

Was passiert?

3 Welche Ideen sollen in deiner Geschichte vorkommen?
Markiere.

4 Erzähle einem Partnerkind deine Geschichte.

Passen alle
Sätze zum
Thema?

Passt die
Überschrift?

Stimmt die
Reihenfolge?

Ein Bild und einen Textanfang auswählen
und als Inspiration für eine Geschichte nutzen
Ideen in einem Gedankenschwarm notieren

KV 108
Fö 141, 142 / Fo 62, 63
 HR

71

33

Anfang und Ende wählen ...

 **1** So können Geschichten beginnen oder enden.
Lies die Vorschläge.

Einmal habe ich etwas Seltsames auf dem Spielplatz gefunden. ...

Am Ende sind wir erschöpft und glücklich zu Hause angekommen.

Es ist Abend. Ich stehe auf den Mauern unserer Burg. Da sehe ich ...

So habe ich einen Freund gefunden.

Seit vielen Tagen sind wir mit unserem Schiff auf dem Meer. Auf einmal ...

Endlich sind wir in Sicherheit.

Meine Freunde und ich sitzen im Baumhaus. Plötzlich bewegt sich der Baum. ...

Nun war ich wieder allein. Schade!

2 Wähle von Aufgabe 1 einen Anfang und ein Ende für deine Geschichte.

3 Sammle Ideen für deine Geschichte in einem Gedankenschwarm. Schreibe ins Heft.

3) Was passiert?

4 Welche Ideen sollen in deiner Geschichte vorkommen? Markiere.

Einen Anfang und ein Ende für eine Geschichte auswählen
Ideen in einem Gedankenschwarm notieren

... und dazu eine Geschichte schreiben

5 Schreibe deine Geschichte
mit dem Anfang und dem Ende von Seite 34.

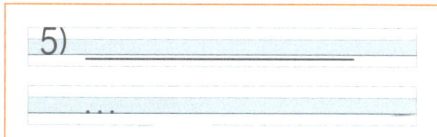

6 Lies deine Geschichte mehrmals.
Schreibe eine Überschrift.

7 Überarbeite deine Geschichte.

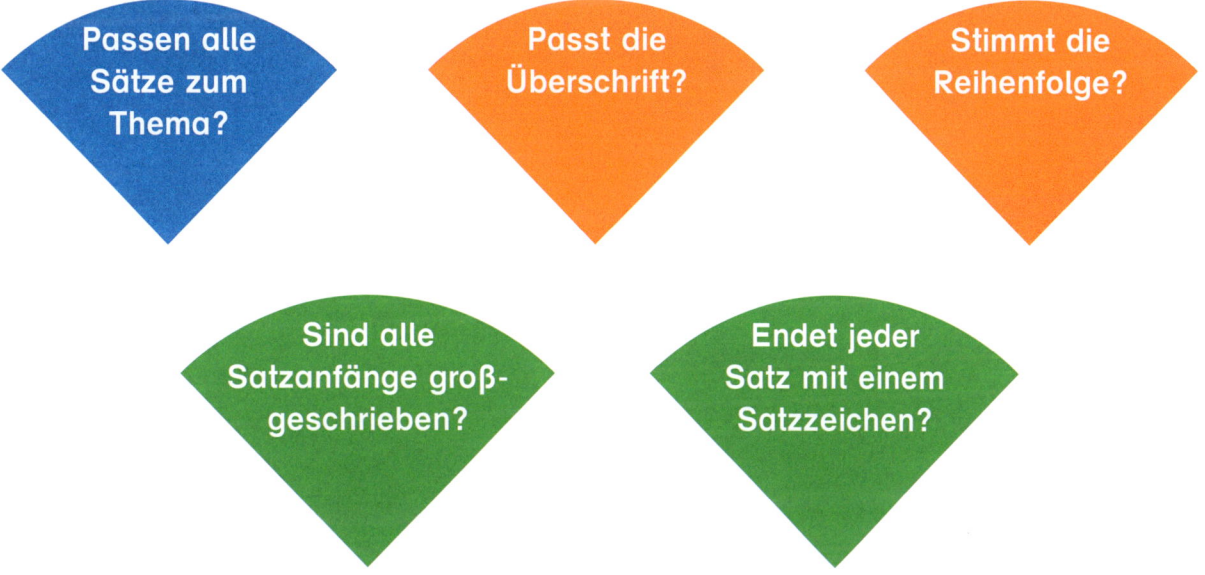

Passen alle Sätze zum Thema?

Passt die Überschrift?

Stimmt die Reihenfolge?

Sind alle Satzanfänge groß-geschrieben?

Endet jeder Satz mit einem Satzzeichen?

8 Lies deine Geschichte einem Partnerkind vor.
Welche Stelle hat ihm besonders gefallen?
Kennzeichne sie mit einem Smiley ☺.

9 Wähle einen anderen Anfang von Aufgabe 1.
Dein Partnerkind wählt einen Schluss.

10 Sammelt gemeinsam Ideen
für eure Geschichte in einem Gedankenschwarm.
Schreibt auf ein Blatt.

11 Überlegt euch gemeinsam eine Geschichte.
Erzählt sie einem dritten Kind.

Zu Bildern schreiben

1 Sprich mit einem Partnerkind.
Was sieht der Hund in seiner Hundehütte?

2 Sammle Ideen für eine Geschichte
im Gedankenschwarm im Heft.

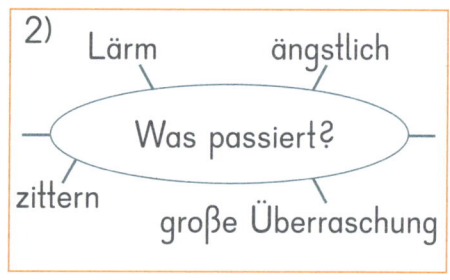

2)
Lärm   ängstlich
Was passiert?
zittern   große Überraschung

Ich habe eine Idee!
In meiner Hütte
leuchtet ...

3 Welche Ideen aus dem Gedankenschwarm möchtest du
für deine Geschichte nutzen? Markiere.

4 Wie soll der Hund in deiner Geschichte
heißen? Schreibe ins Heft.

4) ...

Ideen zu einer Geschichte über ein Bild finden
Ideen in einem Gedankenschwarm notieren
Namen für die Figuren in der Geschichte finden

5 Schreibe deine Geschichte ins Heft.
Du kannst so beginnen:

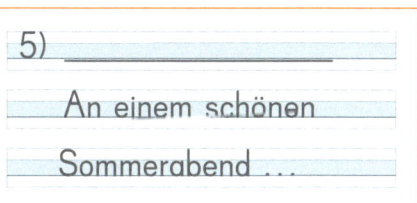

Diese Satzanfänge können dir helfen:
- Der Hund war erschrocken, denn
- Plötzlich bemerkte er …
- Er brauchte Hilfe, weil …
- Gemeinsam mit …
- Auf einmal sah er …
- Er löste das Problem mit …
- Zum Schluss …
- Zum Glück …

6 Lies deine Geschichte mehrmals. Schreibe eine Überschrift.

7 Überarbeite deine Geschichte.

8 Lies deine Geschichte einem Partnerkind vor.
Welche Stelle hat ihm besonders gefallen?
Kennzeichne sie mit einem Smiley ☺.

9 Wähle für deine Geschichte eine Form der
Veröffentlichung von Seite 40.

Eine Geschichte schreiben
Eine Geschichte überarbeiten
Eine Geschichte vorlesen und Feedback einholen

KV 110, 111
Fö 143 / Fo 64
HR

72   37

 **1** Sprich mit einem Partnerkind.
Was könnte passieren?

2 Sammle Ideen für deine Geschichte
in einem Gedankenschwarm im Heft.

2)

Was passiert?

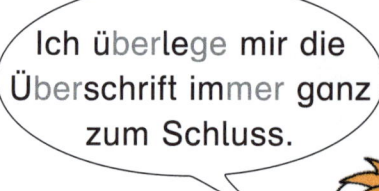
Ich überlege mir die
Überschrift immer ganz
zum Schluss.

Ich habe schon
eine Überschrift!

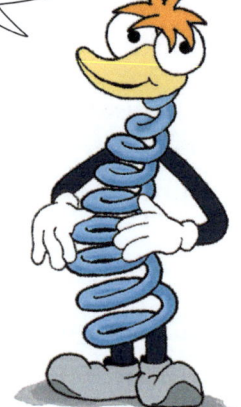

... schreiben und überarbeiten

3 Schreibe deine Geschichte ins Heft.
Du kannst so beginnen: Eines Tages ...

Vielleicht passen diese Sätze
in deine Geschichte:

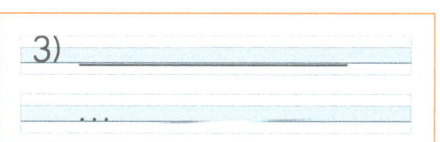

Heute ist mein Pechtag!

Oh, verflixt! Was ist denn hier passiert?

Wie siehst du denn aus?

Ich habe immer Pech!

Das ist ja nicht zu fassen!

Oh, nein! Die Leiter wackelt!

Hilfe, jetzt bin ich voller Farbe!

Kaum zu glauben!

Was liegt denn hier?

Was macht der Hund hier?

4 Lies deine Geschichte mehrmals. Schreibe eine Überschrift.

5 Überarbeite deine Geschichte.

Passen alle
Sätze zum
Thema?

Passt die
Überschrift?

Stimmt die
Reihenfolge?

6 Lies deine Geschichte einem Partnerkind vor.
Welche Stelle hat ihm besonders gefallen?
Kennzeichne sie mit einem Smiley ☺.

7 Wähle für deine Geschichte eine Form
der Veröffentlichung von Seite 40.

Einen Text veröffentlichen

Bevor du eine Geschichte oder ein Gedicht verschenkst oder ausstellst, schreibe den Text mit der Hand oder am Computer ab.

1 Welche Tipps möchtest du verwenden? Wähle aus.
Schreibe danach deine Geschichte oder dein Gedicht ab.

Tipps:
- Ich verwende für die Überschrift eine besondere Farbe.
- Ich benutze für einige Wörter besondere Buchstaben.
- Ich male passende Bilder dazu.
- Ich gestalte einen passenden Rahmen.

2 Welche Idee zur Veröffentlichung gefällt dir
für deine Geschichte oder dein Gedicht am besten?

Ich habe meine Geschichte
in eine schöne Schachtel gepackt
und verschenke sie.

Ich habe ein Bilderbuch
aus meiner Geschichte gemacht.
Das bekommt
mein kleiner Bruder.

Ich habe mein Gedicht in
eine Klappkarte geschrieben und
ein Bild dazu gemalt. Die Karte schenke
ich meiner Oma zum Geburtstag.

Ich habe meine Geschichte
als Audio-Datei aufgenommen.

3 Wähle einen weiteren Text zur Veröffentlichung.

Ideen zur Veröffentlichung kennenlernen und auswählen
Eine Geschichte für die Veröffentlichung gestalten
Eine Geschichte als Audio-Datei veröffentlichen
HR